Lya Lascola

¿De veras quieres ser feliz?

Testimonio sobre
ANTHONY DE MELLO
Con fotografías inéditas.

Editorial LUMEN
Viamonte 1674
1055 Buenos Aires
☎ 373-1414 (líneas rotativas) Fax (54-1) 375-0453
República Argentina

Dedicado a mi esposo Joe,
compañero de una vida.

Fotografías: Lya Lascola

Consultor: Juan Adot

Diagramación: Lorenzo D. Ficarelli
Diseño de tapa: Lorenzo D. Ficarelli
Armado: María Andrea Di Stasi

Con las debidas licencias.

ISBN 950-724-558-8

Lector:

Te convido a caminar conmigo un rato.
Quisiera compartir contigo
las verdades liberadoras
y la filosofía de vida
de este maestro sabio.
Me ayudó a ver claridad
donde vi antes penumbra,
a oír música donde antes
tan sólo percibí discordancia.
El intento de mi libro y mi deseo
es comentarte cómo su pensar
me hizo capaz de sacudir las alas,
de volar de la jaula
y, al poner como meta la montaña,
darme cuenta de
que desde lo alto
nos viene el imperativo sacrosanto
de ser felices,
y la capacidad para lograrlo.

I

¿De veras quieres ser feliz?

A primera vista, esta pregunta parece casi ridícula, ¿verdad? Nos tienta a exclamar: ¡Y quién no va a quererlo!

Es, sin embargo, ésta la pregunta que Anthony de Mello nos propone, como un reto benévolo.

Llevaba yo muchos años dedicada a la enseñanza cuando la popularidad de sus escritos llegó a mis oídos. Fui acumulando sus libros que, por entonces, no tenía oportunidad más que de hojear de vez en cuando.

Sus cuentos me recordaron mi niñez, cuando me entretenía recogiendo conchas en las playas de Poneloya, en Nicaragua. Algunas de las historias de Tony, como algunas de las conchas, me ofrecían su belleza al fijar mi atención en ellas. Otras, como las conchitas medio cerradas, requerían más tiempo para abrirlas y deleitarme con su fondo opalino.

En 1987, oí que había muerto Anthony de Mello.

Quise profundizar más en sus ideas y averiguar quién era este jesuita indio cuyo mensaje logró afectar a medio mundo. Di con uno de sus vídeos y pensé que tendría oportunidad de verlo y oírlo mientras despachaba algunas labores manuales que se me habían acumulado.

¡No hubo tal! No pude despegar los ojos de la pantalla ni un momento, ya que lo que este maestro iba diciendo me iba sacudiendo internamente con la fuerza con que nos sacude algo que presentimos de manera vaga que nos va a hacer crecer y rendirnos a LA VERDAD, nos cueste lo que nos cueste.

> Fue un llamado a decidirme de una vez a enfrentar la vida como adulta, aun sin perder la capacidad de ser niña; a madurar sin dejar de apreciar y respetar lo inmaduro; a sonreír aunque sea a través de lágrimas; y, sobre todo, a ver con benevolencia y compasión mis fallas y las de los demás. En resumen, fue enfocar la Buena Nueva de los Evangelios desde una perspectiva que nadie me había sugerido hasta entonces.

Al írseme abriendo el horizonte con tonalidades frescas, fueron aumentando mi deseo y mi necesidad de compartir con mis hermanos las ideas de liberación interior y el beneficio derivado, aunque sé de sobra lo mucho que me falta todavía por lograrlo completamente en mí misma.

También se me despertó el empeño de conversar con alguien que hubiera conocido bien a De Mello. Alguien que pudiera contestar las preguntas que mi mente rumiaba tratando de comprender mejor la ideología y la personalidad de pensador tan singular.

Me sonrió la Providencia. Hace poco, tuve la oportunidad de volar a Nueva York y entrevistar al jesuita Frank Stroud, secretario ejecutivo del Centro de Espiritualidad de Anthony de Mello, en Fordham University.

Cumpliré la promesa que te hice al principio del libro, lector, relatándote esa entrevista e intercalando mis comentarios. Las contestaciones del padre Stroud darán pie a detallar mejor las lecciones aprendidas.

ANTHONY DE MELLO

II

La ciudad de Nueva York estaba en plena primavera; un placer, después del calor opresivo de Miami.
Fueron augurio de lo que me esperaba el aire fresco
que respiré a mis anchas y la belleza de los árboles
cuajados de flores que hacían alarde, con derroche
generoso, de su resurrección después del invierno.

El padre Stroud en la Universidad de Fordham.

12

El padre Frank Stroud, S. J.

El padre Stroud con el jesuita australiano Tony Doherty.

El padre Stroud me recibió con la afabilidad de un viejo amigo. Su carácter abierto me hizo sentir bien desde el primer momento. Caminamos por algunos patios de la Universidad, vimos varios de los edificios preñados de historia, la capilla grande donde se celebran los rituales con el público, y la pequeña y privada de los sacerdotes. Después de almorzar, nos retiramos a una salita para realizar la entrevista.

Tan entusiasmados estábamos con el proyecto, que hablamos un buen rato sin darnos cuenta de que no habíamos presionado correctamente en la máquina el botón de grabar. Me preocupó que el padre, recientemente operado del corazón, estuviera dedicándole más tiempo a mi visita de la que le convenía, y que este contratiempo le fuera perjudicial.

El incidente me sirvió para comprobar que el padre Stroud no sólo fue colega, hermano jesuita y gran amigo de Anthony de Mello, sino también un practicante de su filosofía.

—Ay, padre, ¿y ahora qué hacemos? —le pregunté con desaliento.

Sin perder ni por un minuto su complacencia, me respondió:

—Pues vamos a hacerlo todo de nuevo, empezando por aplicar uno de los principios de Tony —se acomodó en la silla y dijo tranquilamente—: **A ver,**

13

ANTHONY DE MELLO

analicemos qué es lo que ha pasado aquí. ¡Conversamos cerca de cuarenta minutos y no estábamos grabando! Esto puede ser frustrante y perturbador, ¿no? ¿Que diría Tony de Mello al respecto?

Que ante algo así uno se enoja, se enfada de veras. Que nunca se debe negar lo que se siente; pero que, por otro lado, no se puede dar rienda suelta a los sentimientos porque son capaces de destruirnos.

Tony dice que, en realidad, lo que nos perturba no es el incidente en sí, sino lo que sentimos al preguntarnos: ¿Por que me tuvo que pasar esto *a mí*? ¿Cómo pude *yo* cometer tal estupidez? Esas preguntas son *desautorizantes, nos roban el poder de regirnos.*

Lo que tenemos que hacer es invertir lo ocurrido y preguntarnos: ¿Cómo puedo convertir esto tan negativo en algo de lo que pueda sacar provecho?

Eso es lo que vamos a hacer, Lya. Vamos a clarificar, agregar, y afinar lo de antes. Le sacaremos ventaja a lo que nos ocurrió.

Nos reímos los dos y continuamos.

Ves aquí, al vivo, querido lector, uno de los principios fundamentales de las teorías de Tony. Sujetándolo por un hilo de sencillez y gracia, mece ante nuestros ojos un prisma extraordinario. Un cristal cuyas múltiples facetas, al reflejar LA LUZ, la quiebran en variedad de posibilidades de redención.

De Mello me convenció de que todo lo que pase en mi vida puede tener un lado beneficioso si lo *observo* con paciencia, serenidad y optimismo. ¡Qué manera de enfrentar la jornada! ¡Una excursión en vez de un túnel tenebroso! ¡Un celebrar en vez de un lloriqueo continuo e inútil!

¿Y acaso no es esto lo que nos predica la tumba vacía, que todos los viernes santos terminan en domingos de Resurrección si estamos compenetrados con la Divinidad que nos ha dado el ser y regalado el universo?

> ¿Quieres comprobar ahora mismo, amigo mío, lo cierto de esta doctrina? Hagamos lo que hacía De Mello en tantos de sus talleres, retiros y programas. Pon a un lado el libro y piensa en algo negativo que te ha sucedido recientemente. Con espíritu aventurero, no abandones la búsqueda hasta que logres divisar el borde luminoso alrededor de esa nube. Lo tiene. Decídete a hallarlo.

Cuando lo logres, respira hondo; en ese bendito instante en que puedas ver lo positivo aun en lo negativo, te habrás compenetrado con el Nazareno resucitado y sonriente. Y eso, en sí mismo, es un momento de gracia.

—Padre, dígame algo sobre el Centro de Espiritualidad de Anthony de Mello.

—El Centro de Espiritualidad de Anthony de Mello es el resultado del Centro que originalmente empecé yo para Tony. No le gustaba que lo retrataran, o lo grabaran. Pero logré convencerlo de que era la mejor manera de llevar su palabra a un público mas extenso.

Le sugerí también que convenía formar una corporación para hacer mejor uso de los medios de televisión, grabaciones y libros. Eso hicimos, y el título legal de la corporación es "Centro para Intercambio Espiritual". Tiene su junta directiva, en la cual, hasta hace muy poco, no había ningún jesuita. Los miembros eran todos seglares. Mientras Tony vivió, toda la producción de sus libros, grabaciones y conferencias, al igual que la organización de sus charlas, se hacía a través del Centro.

"No le gustaba que lo retrataran ni lo grabaran." He aquí un verdadero maestro. Lo que cuenta es el mensaje, no su persona.

¿Sabes qué habilidad tiene que desarrollar un bailarín de ballet antes de lograr las piruetas sublimes de su danza? La de fijar los ojos en un punto determinado y volverlos a él al fin de cada giro. Si no lo logra, se marea y queda burlado su intento.

Una vez, cuando era muy pequeñita, me escogieron para bailar un ballet en la coronación de "La Reina de la Prensa" en Puerto Rico. ¡Me dieron nada menos que el impactante título de "Bailarina real"! Como niña al fin, exageré en mi imaginación el honor otorgado y quise asegurarme de que mi madre estaba compartiendo semejante gloria. La busqué con la vista antes de terminar la última pirueta. ¡Qué desastre! Perdí el enfoque y fui a dar contra una mesa donde, gracias a Dios, me recibieron los brazos abiertos de mi padre. Desde ese trono paternal, recibí los aplausos de la gente que compasivamente ignoró mis pucheros.

Así es la danza humana. El único punto fijo y real es Dios, le demos el nombre que le demos. Si quitamos la mirada de esa realidad suprema, el resultado es movimiento errátil, incoherente. Y con pucheros no arreglamos nada.

—¿Con qué frecuencia se dan conferencias y retiros de De Mello en el Centro, padre?

—Las conferencias ahora las damos principalmente el psicólogo jesuita Dick McHugh y yo. Dick ha estado asignado a la India desde hace 41 años y trabajó con Tony durante ocho de ellos.

Hemos dado estos retiros en Irlanda, en Hawai, por el este y oeste de los Estados Unidos y por todo el mundo. No tenemos fechas determinadas. Cuando nos llega una petición, entonces lo resolvemos.

—¿Cómo dio con Tony de Mello, padre?

—Supe de De Mello por medio de otro jesuita. De Mello les dio un retiro de ocho días a sesenta jesuitas, y este compañero me comentaba que Tony habló seis horas diarias sin una nota en la mano. No lo creí. No, no, le dije, ningún jesuita escucha a otro jesuita durante seis horas diarias por ocho días, ¡ya sea con notas o sin ellas!

El padre Stroud se reía, divirtiéndose con el recuerdo. Siguió con su relato.

—Asistí a un retiro de fin de semana que dio en New Jersey, deseando verificar lo que mi amigo decía. A la verdad que lo encontré tan excelente que fui a la India y me quedé a estudiar con él. Así nos asociamos y le propuse lo que te dije antes acerca de la televisión y todo lo demás. Le gustó la idea y me puso a cargo de todo ello.

¡Beneficio evidente nos ha traído esta ocurrencia del padre Stroud! Gracias a él, todavia podemos, además de leer lo que escribió Anthony de Mello, oírlo y verlo en persona ofreciéndonos el fruto de su espiritualidad, de sus meditaciones y de sus horas de contemplación; el fruto de esa entrega total al Dios que amaba y en cuyo servicio pasó su vida.

—La espiritualidad de Anthony de Mello ha sido descrita como una espiritualidad cristiana integrada a la herencia espiritual del Oriente. ¿Estaría usted de acuerdo con esa descripción?

—Anthony de Mello no le daba importancia ninguna a la *división* que hacen entre la espiritualidad oriental y la occidental. A él lo criaron en un ambiente oriental, y por supuesto que apreciaba la riqueza y belleza de esa cultura religiosa que ha existido por miles de años. Reconociendo los valores existentes en ella, los incorporó a sus propias enseñanzas.

El que no puede apreciar más que la espiritualidad formulada por su propia cultura sufre de daltonismo del alma. Son limitaciones propias que tratamos de imponerle al Espíritu del Creador eterno.

Permíteme una comparación para ilustrar mi punto.

¿Has pintado alguna vez? Es una vivencia maravillosa. Ya sea al óleo, al pastel o en acuarela, la labor es igualmente emocionante; pasar a una modalidad tangible algo tan etéreo y sutil como lo es la chispa interna que te agita pidiendo expresión.

Y esa chispa, ese don, se desprende, como dice san Pablo, del mismo Espíritu y es su expresión legítima, ya brille desde el norte, el sur, el este o el oeste.

Dime: ¿Le otorgarías el título de artista al que insistiera en que sólo una pintura monocromática tiene valor estético capaz de deleitarnos y elevarnos a lo bello?

Asimismo, ¿llamarías *espiritual* a la persona incapaz de reconocer la faz de Cristo a través de los múltiples disfraces que asume? Sería una designación inadecuada. El que llega a ser *verdaderamente espiritual* siente y palpa esa Presencia tanto en la cara desfigurada de un vicioso como en la de un niño inocente; tanto en la perfectamente maquillada de una señora de la sociedad como en la mugrienta de una pordiosera; en la hipócrita y bien lavada del fariseo de san Lucas y san Mateo como en la sincera y humilde de su publicano.

Más aún, esa persona oye el timbre familiar de la voz divina en una catedral, en una mezquita, en una sinagoga o en cualquier lugar donde se ore. Sabe que el *TE AMO* de Dios es allí el mismo; lo que cambia es la manera de responder de sus creaturas.

Al espiritual genuino no le cuesta abrirle los brazos a cualquiera, y no como gesto de condescendencia bondadosa sino porque está consciente de la consanguinidad que nos une a todos en el corazón del Padre.

Anthony de Mello les abrió los brazos a personas

de cinco continentes y reconoció en ellas esa hermandad, con la naturalidad del que ha llegado a saborear la realidad de las cosas.

La Universidad de Fordham.

—¿Y qué, padre, de los críticos de De Mello? Los que dicen que no es ni verdadero jesuita, ni católico, ni siquiera realmente cristiano.

—Te puedo asegurar que los que dicen eso no entienden a Anthony de Mello en absoluto. Primero, es indispensable comprender a la persona. Hay que admitir que Tony nunca fue conocido como "un jesuita piadoso" en el sentido común de esa expresión. ¡Pero fíjate a quién dedica sus libros! El libro *Sádhana,* considerado una obra maestra sobre la oración, se la dedica a la Madre de Dios, quien era su modelo en la contemplación. ¡Nadie le dedica libros a María! Se los dedican a sus padres, a sus parientes, a sus amigos.

Lo mismo con otro de sus libros, *El canto del pájaro*. Ése se lo dedica a la Iglesia católica; porque, como lo decía él mismo: "Aunque discurra y reflexione libremente sobre otras religiones, éste es mi hogar y soy un sacerdote de la Iglesia católica romana."

Por el amor profundo que le tenía a la Compañía de Jesús, a ella le dedica *El manantial*. Decía Tony al respecto: "Soy jesuita; por serlo, soy lo que soy hasta ahora."

Aunque hay gente que lo critica y dice que De Mello se aleja de este camino, él mismo expone con claridad que está más íntimamente unido a la Iglesia que muchos católicos, y a la Compañía de Jesús más que muchos jesuitas. Sin duda alguna que las críticas vienen de la falta de comprensión.

Inevitablemente encuentra crítica el que se sale del camino trillado. Un pensamiento original, una manera nueva de enfocar o de articular conceptos, por lo general provoca choques. Desconfiamos y tememos lo no acostumbrado. La crítica puede ser válida y hasta beneficiosa mientras sea evaluación objetiva de las opiniones e ideas, pero cuando cae en censura y juicio de la persona degenera en atropello injusto.

En los libros de Anthony de Mello, en lo que dice en sus grabaciones, y en lo que exponía en sus conferencias y retiros, palpita el mismo deseo evidente: ayudarnos a caer en la cuenta de que estamos traspasados por el amor divino como lo está un cable por la energía eléctrica cuando se ha activado el interruptor. Que somos valiosos tal como somos, que aun con nuestros defectos y debilidades estamos llamados a mejorar el mundo, a iluminar sendas, a clamar por la justicia verdadera, y a sembrar la paz y el amor.

¿Se puede calificar de no cristiano a alguien que se dedicó con tesón y constancia a quitarnos la venda de los ojos para que logremos vernos como somos? ¿No fue precisamente ésta la labor incesante de Jesús, y lo que pidió que se hiciera en su nombre, ayudar a *ver*?

De Mello me puso enfrente un espejo de cuerpo entero, donde pude examinar sin miedo la mezcla que soy. Por medio de su pedagogía espiritual, pude identificar sin vergüenza y sin falso orgullo todo lo que en mí ya ha sido redimido por Cristo y lo que todavía se le resiste. Y lo mejor: me convenció de que no tengo que sentarme en la cuneta a ver pasar la procesión hasta que me imagine que soy digna de llevar un estandarte. Todos, desde el Papa hasta el indígena mas ignorante en el Amazonas, estamos comisionados a llevar una bandera; y en todas dice exactamente lo mismo: *Imperfecto... pero en mis venas corre sangre azul... soy predilecto del Rey.*

Sólo cuando logre conocerme y amarme a mí misma, aceptar mi realidad completa, podré amar a mi prójimo como dicen los Evangelios que Jesús consideraba indispensable que se hiciera. Únicamente cuando me reconozca como ciudadano legítimo y estimado, podré contribuir al establecimiento del Reino. Llevaré entonces la imagen del Amante infinito, no como una calcomanía en la frente, sino como un tatuaje en el corazón, que será mi cédula de identidad.

El que internaliza estas verdades deja de ser un iluso, se contagia con el entusiasmo y el gozo; se le va llenando el alma de cantos, de flores con aromas sublimes que esparce por doquiera. Al salir empapado de la piscina de Betesdá, puede agitar las aguas milagrosas para el hermano que venga después.

La labor de convencer a todo ser humano de su valor intrínseco fue la afición y el deleite de Anthony de Mello. ¿Habrá empresa mas noble para una vida?

—Padre Stroud, la impresión que recibo es que a Tony no le interesaba "convertir" a nadie para que dejara su propia religión y abrazara la católica. Era más un persuadir y ayudar a ser lo mejor que se puede ser y lo más libre dentro de cualquier afiliación religiosa que se tenga. ¿Es correcta mi impresión?

—Efectivamente. Tony de Mello jamás trató de convertir a nadie. Decía que un gurú, un maestro espiritual, nunca trata de hacer eso.

Predicaba que, si sacas algún beneficio de lo que te enseñe tu mentor, lo has logrado tú mismo, e igual si sacas algún daño. "El mismo viento que sopla", decía, "hace crecer espinas en el pantano cenagoso y rosas en los jardines." Tony sencillamente hacía lo suyo, cantaba su canción, bailaba su baile... y al que le ayudara, bien.

¿Se podría tomar esta actitud de De Mello sin tener una fe en el Espíritu, de esas capaces de mover montañas? Lo que hay por detrás de esta postura suya es una innegable y absoluta confianza en que Dios es un IMÁN con una fuerza capaz de atraer sin límites de condiciones ni agrupaciones externas. ¿Cuántos logramos llegar a fiarnos de tal forma?

Saber que Dios atrae por muchos y diferentes caminos es haber observado y estudiado a los seres humanos con amor y sin juicios previos; con la mente y el corazón abiertos. También es tener la humildad suficiente de ser alumno aunque se sea maestro, de aceptar lecciones y homilías profundas de todo y de todos los que me rodean. Cuando se reconoce que lo que glorifica al Creador no es sólo lo mío, se llega a respirar a Dios en toda su amplitud, y la transformación en su fiel testigo se va haciendo más completa.

Contradecir la evidencia de lo que son valores auténticos en otras religiones es arrogancia. Es peor que vivir en un gueto, porque es llevar dentro de uno mismo limitaciones trágicas.

Recuerdo cuando llevaba yo tal marca. Cuando me casé y empecé a vivir en los Estados Unidos permanentemente, tenía tan arraigada la lección que me habían inculcado de que la única religión verdadera era la mía, que miraba a mis vecinos protestantes y judíos casi como inferiores. ¡Qué altiva presunción! Según Jesús, la *verdadera religión* la practica el que ama a

Dios, a sí mismo y a los demás; el que no manipula a otros para beneficio propio; el que no juzga; y el que sabe perdonar. Esta disposición de alma es lo que necesita la buena semilla para fructificar hasta ser árbol frondoso que alaba y da sombra.

La única religión que no es legítima es la que predica el odio y el prejuicio, ya sea racial, social o ideológico; la religión que te permite seguir indiferente y no sentir en tu propia carne el sufrimiento físico o moral del excluido y marginado ni saborear en tu boca la sal de sus lágrimas. Mientras alimentemos sentimientos de superioridad en lo relacionado con lo espiritual, somos potencialmente agentes de muerte y destrucción; podemos aniquilar la Tierra. Todo lo que arruina y hace estragos siempre tiene su génesis en un corazón que llegó a convertir en ídolos sus creencias.

De Mello evidentemente reconoció que no es ni necesario ni efectivo *obligar* a que se crean las cosas igual que las creemos. ¿Si aplaudo *por convicción* necesito acaso forzar al que está a mi lado en el teatro a que aplauda también? Lo hace espontáneamente en cuanto percibe lo admirable del espectáculo *desde el ámbito suyo*, y así se va contagiando el resto de la concurrencia hasta que el tributo es general y auténtico.

Cuando tratamos de *forzar* a otros a ver lo que vemos, a vibrar con lo que vibramos, a veces es pregonar que no estamos muy seguros de si la belleza que nos ha cautivado es real o espejismo.

Creo en Jesucristo, en que es Hijo de Dios, y que vino a enseñarme el camino del Padre; Él será mi Señor hasta que por gracia de Dios lo llegue a ver cara a cara. Pero he conocido y tenido evidencias de virtud heroica y piedad genuina en personas que ni lo conocen ni lo aceptan.

ANOR INCONDICIONAL

> Entonces Dios me dice: No te pido ni que los entiendas, ni que aceptes sus creencias; te pido sencillamente que los ames porque los amo yo.

Lo mismo con mi Iglesia. Reconozco sus defectos y grandes limitaciones, pero la abrazo con toda mi alma. Veo en ella el camino seguro que la Providencia divina escogió para mí en la pila bautismal. Me inspiran y me animan el ejemplo maravilloso de espiritualidad y sabiduría que enriquece su pasado y las páginas llenas de heroísmo y virtud que escribe su presente. Pero beso con gran respeto todo altar donde se invoque lo bueno, porque todo lo bueno viene de mi Dios.

La sed de felicidad que tenemos dentro está tan penetrada y arraigada que no necesitamos que nos *obliguen* a procurar su saciedad. Lo hacemos por instinto espontáneo. Ya lo dijo san Agustín, sólo sacia nuestra sed *lo inmutable, lo infinito*. Lo demás tarde o temprano nos desilusiona, nos causa hastío y, al dejarnos sedientos todavía, nos impele a reanudar la búsqueda. Difícilmente puede una *OBLIGACIÓN* competir con la experiencia propia de haber confundido lo caduco y efímero con lo que no muere ni termina jamás.

De Mello era un *convencido*, por eso cantaba y bailaba despreocupado, sin fijarse en si te había persuadido o no su descubrimiento. Reconocía que tienes que comprobar por ti mismo ciertas verdades para que tengan efecto duradero.

Nuestro maestro indio nos asegura que los brazos de Dios, abiertos desde siempre, nos esperan en todo instante, y que en esos brazos hay lugar para el universo entero.

—¿Era ignaciano De Mello en sus retiros?

—Claro que sí. Como sabes, estudió la espiritualidad ignaciana con ahínco, y conocía toda su profundidad. Cuando daba los retiros de ocho días a los jesuitas, se refería continuamente a las teorías que había derivado de los *Ejercicios espirituales* de san Ignacio de Loyola.

—¿Cuál de todos los libros de Tony diría usted que es el que más capta el pensamiento de De Mello?

—Yo diría que *Despierta*. ¡Este libro ha afectado a tanta gente! Es la edición de una conferencia completa que dio aquí en Fordham en 1986. Yo la edité. Ese libro ha tocado a gente de todas partes del mundo. Recibo cartas de Inglaterra, de Australia, de muchísimos lugares, diciéndome el gran impacto que ha tenido en ellos.

Un sacerdote anglicano me escribió contándome que estaba ya decidido a abandonar el sacerdocio, pero leyó *Despierta* y cambió de opinión.

Hace muy poco tuve otra linda experiencia. Recibí carta de un veterano de la guerra de Vietnam que sufría horriblemente del síndrome de tensión traumática causada por sus experiencias en esa guerra.

Al leer este libro, se sintió tan mejorado que se lo ha dado a leer a muchos de los compañeros que padecen de la misma angustia psicológica.

Éste es el libro que yo daría a leer primero, como una introducción al pensamiento de Anthony de Mello.

Hay también, por supuesto, sus libros de historias y cuentos. Él decía que el camino más corto entre la verdad y el corazón humano es un cuento.

El manantial, que es una serie de meditaciones guiadas por Tony mismo, lo estaba escribiendo precisamente cuando yo estaba en la India. Oí esas meditaciones todas las mañanitas a las seis. ¡Fue maravilloso!

—¿Diría usted que Anthony de Mello es alguien que expresó su misticismo en lenguaje moderno, un místico del siglo veinte?

—Siento aversión por el uso de esa clase de títulos. Un hombre me dijo una vez, refiriéndose a Tony: "¿Era un santo, verdad?" A Tony de Mello le repugnaría oír cosa semejante.

—¿Como quería Tony que se lo recordara?

—Uno de nuestros jesuitas le hizo precisamente esa pregunta a De Mello. La contestación de Tony fue: "Cuando era joven, quería que me recordaran como un *hombre piadoso.* De mayor, quise que se me recordara como un *hombre de oración.* Y ahora,

en mi madurez, quiero que se me recuerde como un _hombre libre_."

Tres cuestiones importantes surgen aquí. Pongámoslas bajo microscopio individual.

VERDADERAMENTE ES SER FELIZ ANTE MI SER SUPERIOR
COMO LO CONOSCO.
EL PENSAMIENTO ÑA IGUAL PARA LA MUJER LIBRE

ANTHONY DE MELLO

ANTHONY
DE
MELLO

LA PIEDAD

Virtud de gustar y deleitarse con lo determinado y definido como sacro. El que busca a Dios empieza generalmente por ahí, y el agrado y la satisfacción que derivan son gotas de almíbar que incitan a chupar más el panal y gozar de sus mieles.

Pero la piedad puede ser espada de dos filos. Se puede aficionar uno a ritos, objetos y devociones personales aun a costa de la evidencia bíblica y teológica.

La glorificación de la piedad ya no es entonces medio de desarrollo sino estorbo, cesación del *crecimiento* en el Espíritu. Se empiezan a invertir los valores y a atarse a lo saboreado, cuando el llamado de la fe es a soltarse al vacío, confiado, como el trapecista del circo, en que en el otro columpio está el que me ama sin condiciones, y que sus manos fieles y constantes me sostendrán firmemente en el espacio.

No es agua estancada la *fe del espiritual*. Es agua que corre como río sin diques de ninguna especie; o como fuente clara y saltarina que a cada instante salpica la altura sublime de las nubes.

31

Ser piadoso sigue siendo virtud mientras sea el efecto de la diestra de Dios en mi cabeza, y no una manera mía de escoger lo cómodo y sabroso; lo que me deleita y me asegura que no tengo riesgo ninguno que tomar porque ya tengo sabidas todas las respuestas a las preguntas sobre Dios, sobre la vida y sobre mí mismo.

Si Jesús se hubiera limitado a gustar de la dulzura de sus experiencias místicas y a empalagarse con actos piadosos, no hubiera tomado los riesgos que tomó. No hubiera acusado de hipócritas a los que llegaron a hacer de la piedad una falsa garantía, y de la religión un negocio.

Se hubiera hecho un adicto al dulzor de la complacencia convencional en lugar de una antorcha viva como lo fue y lo sigue siendo. Antorcha que aún produce división y es signo de contradicción para muchos por lo nuevo y diferente del testimonio que ofrece.

Los que son dados a multiplicar actos piadosos creyendo que con eso logran *serlo*, están tan confundidos como los que predicamos y escribimos sobre virtudes y llegamos a creernos que con eso ya las poseemos.

ANTHONY DE MELLO

ANTHONY DE MELLO

LA ORACIÓN

La oración es siempre iniciativa de Dios, que busca unión y comunión con su creatura. Es un toque suave a la puerta del alma, al que respondemos dilatando el corazón, enfocando la atención en la Divinidad y abriéndole nuestra morada interior de par en par.

Las religiones insisten en que es imprescindible orar diariamente, y cada una establece reglas que considera efectivas para facilitar a sus miembros que lo hagan. Pero hasta ahí llega lo que las Iglesias o comunidades pueden hacer de su parte. Las normas establecidas son capaces de *obligar* a que se le dedique tiempo al rezo, pero sabemos que no todo el que reza ora; no todo el que dice "Señor, Señor" pasa más allá de las palabras.

La oración más pura no es tratar de cambiar a Dios para que haga lo que yo espero que haga, por más digno y estimable que esto sea, sino *cambiarme a mí* hasta que la voluntad de Él sea mi satisfacción. Nos cuesta a veces atinar en la diferencia que existe entre lo que es oración verdadera y lo que es una manera enmascarada de querer *tomar el mando* sobre las cosas y sobre los demás.

La plegaria es satisfactoria y transformadora con tal de que lleve en sí el germen de abandono y aceptación de lo que Dios conceda o niegue.

Cuando se logran el *desprendimiento y el desapego* a la voluntad propia de que hablan maestros como De Mello, pasa nuestra oración de ser sólo meritoria en su índole de invocación, a ser causal de unificación con el pensar divino. Entonces sí nos vuelve instrumentos y agentes efectivos para el bien.

El íntimo de Dios ya ni pide, simplemente expone las necesidades, como lo hizo María en las bodas de Caná. Los que se aman no tienen mas que *mirarse a los ojos*. Mientras más acercamiento, menos palabras van haciendo falta hasta llegar a abrazarse en el silencio total.

ANTHONY DE MELLO

LA LIBERTAD

Naturalmente que la noción de la libertad varía según la educación social, académica y espiritual que se haya recibido. Descartemos de antemano cuando se la confunde con el libertinaje, el desenfreno desordenado. Ya sabemos que eso es un disparate. Pero discurramos sobre en qué consiste la libertad real; esa *dádiva sagrada* recibida del Creador como nuestro patrimonio fundamental.

La libertad que perdimos por nuestro envanecimiento cognitivo, y que fue restaurada por el Mesías, no es la de ser libres *DE* algo; es la de ser libres *PARA* algo. No es el poder hacer lo que nos da la gana; es el poder escoger siempre lo que es para nuestro bien y rechazar lo que es para nuestro daño.

Sólo el que posee esa clase de *LIBERTAD* está en condiciones de aportar elementos constructivos y de ser genuinamente *FELIZ*.

—Padre, ahora que ya hemos hablado un poco de la filosofía y las enseñanzas de Tony, le quisiera hacer algunas preguntas más personales. Obviamente, el nombre De Mello no es indio. ¿De dónde le vino ese apellido?

—Ah, sí. A la gente le interesa mucho eso.

Sabes, cuando los españoles y los portugueses llegaron a la India y deseaban convertir a los indios, se les dificultaba mucho el pronunciar sus nombres tan largos y difíciles. Lo que hacían entonces era bautizar a las personas con sus propios apellidos. Por eso hay muchos De Mellos, D'Souzas, González, Garcías y demás. Pero Tony era cien por ciento indio.

—Frank, ¿fue usted el mejor amigo de Tony?

—Yo fui el que coleccionó todo lo dicho por Tony de Mello y he llegado a entender hacia dónde iba. Nadie comprende realmente *TODO* lo de De Mello. Yo tenía una idea bastante clara de lo que él trataba. Pero en el aspecto personal, el amigo más íntimo de Anthony de Mello fue Dick McHugh.

Tony me dijo una vez que no había nada de Anthony de Mello que no supiera Dick McHugh, ni nada de Dick McHugh que no supiera Tony de Mello. Eran grandes amigos. ¡Cuando Dick y yo empezamos a dar estos retiros después de la muerte de Tony, me sorprendió que Dick me dijera que en realidad él nunca oyó hablar a De Mello! Pero conversaban todas las noches y compartían sus ideas. Muchos de los pensamientos de Tony los adquirió de Dick.

La mirada de Frank Stroud se quedaba fija en un rincón de la sala donde estábamos, como embebido en hermosas vivencias del pasado. Me pareció que, al pasar al tema presente, el recuerdo del compañero tan querido le tocaba el alma. Hasta el tono de mi misma voz adquirió una suavidad especial porque sentí que, a pesar de los años que han pasado desde la muerte de Tony de Mello, el vacío que dejó esa pérdida aún lo sentía el corazón de Frank Stroud.

—¿Vivían los padres de Tony, padre?

—Sí, tenía padres y hermanos. Una vez me preguntó dónde podría conseguir grabaciones de diferentes cantos de pájaros. "¿Pero para qué quieres eso, Tony?", le pregunté. Me contestó que su padre amaba los pájaros y que sin duda disfrutaría mucho con esas cintas. El libro *El canto del pájaro* viene de ahí.

Sin caer en el error panteísta que confunde la Creación con Dios, podemos admirar y gozar de la inspiración y los ejemplos maravillosos que nos dicta la naturaleza.

Comenté una vez, hablándole a un grupo, que mi perrita Esperanza me ha dado grandes lecciones de cristianismo. Si amas a los animales, sabrás de lo que hablo. La he visto sentir dolor sin quejarse, adaptarse a lo incómodo sin protestar, y lo más precioso: demostrar cariño sin reservas.

Una mañana, en la sala de espera del veterinario de mi Esperancita, me tocó sentarme frente a un anciano que estaba esperando que el doctor terminara de operar a su perro. Empecé a conversar con él cuando observé que el pobre se secaba las lágrimas con el pañuelo y miraba a su alrededor, avergonzado de que alguien notara que lloraba por temor de perder a su compañero.

No se me olvidan sus palabras: "Soy un cascarrabias. Desde que murió mi esposa nadie me aguanta. Sólo este perro me quiere hasta cuando pierdo la paciencia y le pego. Se aleja a su rincón, pero después me viene a lamer la mano y *me perdona*."

Me conmovió su historia. Me hizo pensar en Francisco de Asís, y en el respeto que se rinde a los animales en ciertas culturas donde se aprecian sus características positivas.

El que observa la naturaleza con miras altas y los ojos interiores bien abiertos llega a conocer sus secretos íntimos, y las meditaciones profundas que resultan lo llevan a conclusiones virtuosas.

—Padre Stroud, dígame algo más sobre esta persona tan carismática y acogedora. Algo sobre sus hábitos y costumbres. ¿Era aficionado a algún pasatiempo en particular?

—No tenía ningún *hobby*. No era atleta ni le gustaban los juegos. Vivía embebido y absorto en esta materia. Cuando me parecía que debía descansar,

me lo llevaba a la costa para darle oportunidad de que lo hiciera. Pero Tony, aun en los días espléndidos de verano, permanecía en su habitación con vista al mar, contentísimo de poder seguir leyendo y escribiendo desde ahí.

Su trabajo era su vida, pero lo gozaba y lo disfrutaba profundamente, sin presiones ni tensiones de ninguna clase.

Lo que sí le gustaba era caminar, pero aun sus caminatas tenían lugar cuando algún visitante venía a verlo y necesitaba hablar con él.

La separación y distinción entre lo que es *trabajo* y lo que es *diversión* se nubla fácilmente para el que tiene una actitud abierta hacia la alegría. Es convicción sana y saludable el pensar que *LA CELEBRACIÓN* de todo y cada aspecto de la vida es la esencia de la religión.

El que hace con gusto y se deleita en aquello a que se dedica ya de por sí tiene andado la mitad del camino para lograr su propia felicidad y contribuir al progreso humano.

Tanto el barrendero que canta mientras pasa su escoba por la calle del pueblo, como el labrador que entona una copla mientras recoge la mies de su campo, y el profesional ilustrado que une su voz a la del cantante en el radio de su auto, aceitan las bisagras de la maquinaria que sostiene y conduce los corazones en su marcha hacia el Omega.

Tenemos *OBLIGACIÓN* de tratar de ser felices y de propagar alegría. ¿Por qué? Porque la felicidad de sus creaturas da satisfacción al Creador, igual que la felicidad de un hijo la da a la madre y al padre que aman de veras.

No por ser instrumento de suplicio la cruz merece respeto y devoción. Es por ser signo del inmenso amor que Cristo demostró por nosotros al estar dispuesto a culminar su misión en ella.

La incomprensión religiosa, desafortunadamente, hizo inevitable el que Jesús tuviera que sufrir horrores antes de conseguir la derrota del mal y de la muerte.

Durante su vida y desde el madero ignominioso, nos enseñó cómo amar hasta el fin y cómo llegar a aceptar, darles valor y hacer llevaderos aquellos sufrimientos *que no podemos evitar* por ser parte constitutiva de la compleja condición humana. Pero el *buscar* cruces, pensando que sufrir *en sí* es merecedor de elogio, no es sólo errado; es enfermizo.

Lo que celebra el cristiano no es el *dolor de la cruz, es el TRIUNFO* que Dios efectuó por su medio el Domingo de Pascua.

El fanatismo en que degenera el mal entendimiento de este punto llega a tener resultados funestos en algunos casos. Por afán de identificarse como víctima, el fanático empieza a leer oprobios y humillación en lo que le hacen los hombres tan sólo porque hombres son, y hasta a convertirse él mismo en cruz para sus hermanos, en vez de ser su cireneo.

Conviene también delinear la diferencia que existe entre la alegría que estamos llamados a comunicar y la mera algarabía con que se aturden las masas. El regocijo de que hablamos es ese contento profundo que pone una sonrisa en los labios porque brota de muy adentro, no el placer superficial, inquieto y bullicioso que sólo deja una mueca con apariencias de risa en la careta trágica del que lleva el alma vacía.

La felicidad que describe De Mello y que nos dice podemos alcanzar en todo momento, es el *fruto de la vida del Espíritu* en nuestro ser, y es compatible aun con la presencia de dolor físico y moral.

Es la alegría que, cual campanilla festiva, repica desde las ventanas de nuestra Jerusalén interior, y le grita al que pasa: "*Entra, hermano, descansa aquí*, tengo cascabeles para compartir capaces de levantarte el ánimo y de aliviar tu carga. He encontrado la verdadera felicidad. Mójate los labios con la dicha que rebosa de mi copa."

—¿Trabajó De Mello con sacerdotes exclusivamente?

—Empezó primero dándoles retiros a los obispos y a los superiores de órdenes religiosas; entrenando a los que iban a ser responsables de la formación espiritual de otros. Le interesaba sobremanera afectar el sacerdocio y la vida religiosa desde el nivel educativo. Esperaba poder ofrecerles una instrucción y un entrenamiento sólido. Para eso existe en la India el magnífico Instituto Sádhana del que Tony fue director.

Más adelante, empezó también a hablarles y darles retiros a los seglares. Ellos lo encontraron admirable y por eso se hizo un hombre tan popular.

En muchas regiones, existen seglares que han llegado a percibir el carácter verídico que poseen en virtud de su bautismo. Como miembros legítimos del Pueblo de Dios, participan de lleno en la capacidad profética, real, apostólica y testimonial de Cristo. Se entregan con dedicación y entusiasmo a la tarea doble de ser cristianos y ciudadanos corrientes. Después del Vaticano II, ya no ven como dicotomía conflictiva su función en ambas esferas.

Es decir, están conscientes de que, aun sin títulos clericales concedidos por el brazo jurídico eclesiástico, están llamados a comprometerse y a identificarse como testigos de Cristo a través de sus profesiones y empleos temporales. Precisamente desde esos puestos y por medio de ellos, se proponen extender el Reino y ser ejemplos para el mundo secular en que viven.

Hay muchos más cristianos hoy en día que ya no están satisfechos con ser lo que comúnmente se describe como *CRISTIANOS DOMINICALES.* Esos que asisten una vez por semana a los rituales de la iglesia con preocupación legalista de *cumplir la ley* de los códigos, pero sin integrar a su manera de actuar el resto de la semana lo que predica el Evangelio.

Aun antes del Vaticano II empezábamos ya los seglares a entrever que Dios no es alguien que le pertenece al clero ni alguien que nos pertenece a nosotros. Es EL ALGUIEN a*l que le pertenecemos todos* y a quien todos tenemos derecho de acudir directamente, y también de *representar* en un momento dado. Lo hacemos cada vez que consolamos, que damos un consejo, que enjugamos una lágrima, o que metemos el hombro bajo la carga que otro lleva en la espalda.

Un tesoro en mi cofre de experiencias es el recuerdo de algo que hice una vez en la época anterior al Concilio y que yo misma estimé en aquel entonces como un atrevimiento.

Había en el colegio donde yo estaba enseñando religión una muchacha protestante, maestra de matemáticas y ciencia. Nos hicimos íntimas amigas. Era mujer ejemplar no sólo por su caridad y ternura hacia los pequeños bajo su cargo sino también por su nobleza de carácter. La vi más de una vez contribuir a suavizar malos entendidos y desacuerdos entre miembros de la facultad y oponerse abiertamente a tratos injustos hacia otros, inclusive cuando al hacerlo arriesgaba sus intereses y posibles beneficios personales. Era un ejemplo constante del cristianismo puesto en acción.

Me informó un día que había decidido hacerse católica y me pidió que fuera su madrina. Empezamos a planear con entusiasmo y, debido al rigor del trabajo que trae consigo el año escolar, decidimos posponer la ceremonia hasta el verano siguiente.

Cuando asistíamos a las misas del colegio y nos sentábamos juntas, me sonreía durante la comunión y comentaba que dentro de poco ella también se alimentaría de esa manera.

Unos meses después, se casó con un bautista recalcitrante quien, al enterarse de su intención, le prohibió terminantemente que se bautizara. Se le consultó al sacerdote que la estaba preparando para la conversión y se llegó a la decisión de desistir del proyecto para no arriesgar el matrimonio.

Jamás volví a mencionarle el asunto, pero sabía lo que le había costado. Los ojos se le inundaban cuando los demás nos levantábamos a comulgar.

Un miércoles de Cuaresma tuvimos una liturgia privada para la facultad. Estábamos de pie, formando un semicírculo frente al altar. Presidía un sacerdote extranjero que estaba de visita. En el momento llegado, empezó a distribuir la comunión avanzando desde un extremo del redondel hacia el otro. Cuando le llegó el turno, mi amiga dio un paso hacia atrás, aislándose de nosotros y quedando fuera de la rueda. El padre, naturalmente, respetó su ademán, y la salteó.

Me inquietó sobremanera el incidente. No lograba encontrar la lógica cristiana en todo ello. ¿Es que meras normas excluían a una persona tan digna de la mesa donde se ofrecía Cristo como alimento para unirnos a Dios y a nuestros semejantes? ¿Qué haría Jesús en este caso? ¡Jesús, el que dio órdenes a los Apóstoles de darles de comer a multitudes sin preguntar ni quiénes eran ni de dónde venían!

A pesar de que dudé si mis pensares eran más consideraciones sentimentales que raciocinios teológicos, no logré sacudirme de encima la incomodidad que sentía. De ahí en adelante parecían tener significado acusatorio las palabras de la misa: *Domine, NON SUM dignus*, "Señor, **YO** no soy digna".

El Jueves Santo ocupábamos mi amiga y yo el último banco de la iglesia con un grupo de alumnos que iban a tomar parte en la procesión final.

Durante el Pater Noster le vi otra vez la mirada nublada por las lágrimas. No me pude contener. "¿Lo quieres recibir?", le pregunté al oído.

"Sí, pero sé que no se permite", me contestó disimulando su pena con una sonrisa.

Me acerqué al altar con paso seguro y decidido. Al

regresar al banco me arrodillé a su lado y, después de asegurarme de que nadie estaba mirando, me saqué la hostia de la boca, la partí en dos y le puse una mitad en la mano. "Recibe al que amas", me aventuré a proponerle.

A la mañana siguiente fui directamente al párroco, hombre de singular caridad y comprensión. Le relaté lo ocurrido y añadí: "Perdóneme, monseñor, pero como a quien compartí fue a Dios, es a Él a quien le va a tener que dar la queja, si juzga que hice mal." El padre se me quedó mirando unos segundos, soltó una carcajada y me dijo con tono jovial: "¡Me voy a tener que cuidar de ti!" Se dio vuelta y consideró resuelto el asunto.

Admiré profundamente el respeto que aquel presbítero le otorgó a mi derecho de interpretar, en ese momento preciso y en circunstancias tan especiales, la mente del LEGISLADOR SUPREMO. De actuar en SU NOMBRE sin consultárselo a nadie. Y nunca he dudado que Dios mismo respaldó con sonrisa aprobadora la decisión tomada por el padre y por mí.

Aunque ha aumentado el secularismo y tanto el materialismo como el consumismo han tomado dimensiones perturbadoras y alarmantes, también ha crecido la búsqueda de lo duradero y espiritual entre los laicos.

Sabemos que, gracias a Dios, se ven en muchos países miembros del clero que gustosamente caminan y trabajan mano a mano con sus hermanos que, aunque viven *en el mundo, ya no son del mundo,* porque los ideales de las aguas bautismales empaparon sus raíces eficazmente.

Sobre todo en la esfera de la lucha por la justicia

social, tanto los sacerdotes como los religiosos y seglares se concentran más en el ideal común que los une, que en lo que podría considerarse separación de rango.

La sangre que ha fecundado terrenos misioneros en este siglo, ha burbujeado y corrido libremente desde heridas inferidas a clérigos, religiosos y seglares. Se ha mezclado ese líquido vital en un charco común... confirmando que es el mismo cuerpo de Cristo el que se sigue entregando y vaciando por amor.

—Padre Stroud, De Mello murió aquí mismo, en Fordham. ¿Fue su muerte algo totalmente inesperado, o había estado enfermo?

—Fue completamente inesperada. Había mencionado algo de dolores en el pecho, pero se lo achacó a posible indigestión. Lo encontramos en el piso de su cuarto, y antes de llegar la ambulancia al hospital ya había muerto.

Obviamente, tenía las arterias tupidas. Cuando le hicimos la autopsia, se comprobó que especialmente la arteria coronaria descendente izquierda estaba muy mal.

—¿Está enterrado aquí, en Fordham?

—Eso fue lo que pensé yo, que lo enterraríamos aquí. Pero nuestro provincial pidió que se llamara al provincial de Tony en la India y se le preguntara qué deseaba que se hiciera.

Su provincial quiso que se lo devolviéramos. Yo acompañé el cuerpo en el viaje de regreso a la India. Le dieron la misa en la catedral de Bombay. Estaba repleta, no cabía un alma. Vinieron sacerdotes y monjas de todas partes, además de muchísimos amigos y familiares. Fue una experiencia verdaderamente increíble.

Como las huellas que las olas borran en la arena y las pisadas que el viento desvanece en las nieves de la montaña, ese personaje tan apreciado desapareció de la vista.

Pero hay vidas que dejan marcas indelebles en los corazones que tocan, por haberlos inspirado y ayudado a palpitar con ritmo más estable; por haberles enseñado a latir con cadencia reposada y a respirar tranquilamente y con seguridad aun cuando la senda parezca insegura.

Miles y miles de personas han sido capaces de erguirse llenas de esperanza y con la fe en sí mismas renovada gracias a Anthony de Mello, maestro risueño y plácido, quien detrás de su estilo jocundo y divertido mantuvo el propósito serio de abrir ventanas en las cabañas de las almas para que el aire atizara el fuego en sus hogueras con amor a Dios, a la paz y a la vida.

Lo sigue haciendo por medio de sus escritos y de tantos otros maestros que contagió con su entusiasmo y su mensaje positivo.

—Padre Stroud, ¿qué quisiera decir a mis lectores sobre De Mello, para terminar?

—**Pues que fue un gran amigo. Yo le decía, bromeando: "¡Tony, tú eres como Jesús y yo como Juan Bautista! Y, Tony, fíjate que a Jesús lo crucificaron y al Bautista le cortaron la cabeza! ¡Eso es lo que me va a pasar si me descuido!"**

Me llegué a convencer de que la vocación de mi vida era sencillamente poner a este hombre frente al mundo. Mientras lograra eso, habría cumplido mi tarea. ¡Se muere... y todo se viene al suelo como una casa de naipes!

Durante los años en que trabajamos juntos, yo andaba siempre muy ocupado con los detalles prácticos de las cosas necesarias para sus charlas y programas. Pero, cuando murió, empecé a leer su correspondencia. ¡Tantas cartas llenas de sentimiento y cariño! ¡Tanta gente dándole las gracias y expresándole agradecimiento por todo lo que había hecho por ella!

Yo quería que el mayor número posible de personas tuvieran la oportunidad de verse expuestas a él. En ese sentido, podría decir que él trabajaba para mí. ¡Y todavía lo hace después de muerto!

Una vez Tony le dijo a un amigo mutuo que todo el mundo debería tener un Frank Stroud en su vida. Lo consideré un cumplido muy hermoso.

—Quién se iba a imaginar que la misión de Tony la iba a tener que terminar usted, ¿verdad, padre?

—**Así es** —admitió tristemente.

La sonrisa del padre Stroud se apagó en sus labios,

y los dos callamos por unos momentos: un tributo espontáneo al alma de Anthony de Mello.

—Padre Stroud, le agradezco tanto que me haya concedido esta entrevista.

—Lya, para mí ha sido un placer.

Caminando hacia el elevador, se me ocurrió hacerle otra petición.

—Padre Stroud, ¿me permitiría ver el cuarto donde murió Tony?

—No sé si lo está usando alguien este fin de semana, pero si está abierto no hay problema ninguno en que lo veas. Ven conmigo, vamos a averiguar.

Sin melodrama ni sentimentalismo, pero en completo silencio, Stroud me dirigió al pequeño dormitorio que ocupó Tony durante la que resultó ser su última estadía en Fordham. Me señaló el lugar al pie de la cama donde lo encontraron cuando sufrió el fulminante ataque al corazón, y enseguida tuvo la delicadeza de salir, cerrar la puerta y dejarme sola.

Me emocionó el momento. Me senté en el sillón de descanso unos minutos, y miré a mi alrededor. Un ropero, la cama, tablillas para libros y un escritorio con un crucifijo grande. ¡Cuánto se logró desde lugar tan humilde y de escueta sencillez!

Puerta de la habitación donde murió Tony de Mello.

Su último lecho.

Su escritorio.

Su sillón de descanso.

Al despedirnos mi compañera y yo del padre Stroud, nos invitó a que regresáramos al día siguiente, que era domingo, y asistiéramos a misa en la capilla de la Universidad. Así lo hicimos.

Fue una mañana espectacular de primavera. El sol brillaba y el verdor reinaba supremo, tocándolo todo con brocha de vida nueva. Una frescura sana parecía haber maquillado las caras de los feligreses que entraban a la capilla con ánimo expresivo.

Las primeras notas del órgano rompieron el silencio y las voces del coro llenaron el espacio. Confieso que después de eso no oí nada más hasta el momento de la comunión.

Percibí la presencia de Dios con tal fuerza, que me empezaron a brotar lágrimas de alegría. También sentí presente el espíritu de todos los sacerdotes amigos que han celebrado misa en ese altar y quienes de una manera o de otra han contribuido a mi formación espiritual. Les di las gracias, los abracé a todos tiernamente con el pensamiento y les pedí que, como transfusión benigna, me llenaran las venas del alma con su fuerza moral, su dedicación y su entusiasmo.

Almorzamos con el padre Stroud y después se nos unió otro jesuita, un australiano muy campechano, simpático y cordial. Él y el padre Stroud nos llevaron al aeropuerto.

Me cuesta expresar los sentimientos hondos que todavía me sacudían cuando por fin el avión se remontó tras las nubes aquella tarde tan brillante.

Baste decir lo siguiente. Alguien me predijo una vez que nuestros seres queridos, al morir, llegan a ser nuestro sostén y apoyo desde el más allá. Lo creo más que nunca. Entre los míos estará siempre Anthony de Mello, a quien no conocí en persona pero que estoy segura reconoceré cuando me llegue a mí el momento de dar el último paso de mi senda.

El padre Stroud con la autora.

A él le canto:

Gracias, maestro de la piel oscura,
de la mirada fija y penetrante,
gracias por susurrarme en el oído:
Dios es amor… serenidad… y canto.

Gracias, Tony de Mello.
Tu espíritu,
tu humor,
tu aceptación y beso de mi suelo
me facilita el vuelo.
Acepto la llamada
que formula mi Dios en tu criterio.

Te saludo, maestro,
envuelta como tú y enamorada
del eterno Misterio.

59

Obras del padre

ANTHONY DE
MELLO

√ El canto del pájaro

√ Autoliberación interior

√ Práctica de la oración

√ La felicidad es hoy (Agenda para la autoliberación)

√ Caminar sobre las aguas

√ Rompe el ídolo

√ Lo mejor de Anthony de Mello

Reflexiones de Anthony de Mello

√ Autoliberación

√ Amor

√ Autoconocimiento

√ Perder los miedos

√ Aprovechar la vida

√ Encontrar a Dios

√ Felicidad y vida

√ Ser Cristo

Anthony de Mello responde

√ Cómo alcanzar la libertad interior

√ El camino hacia la felicidad

√ ¿Es posible el amor verdadero?

Se terminó de imprimir en el mes de mayo de 1996
en el Establecimiento Gráfico **LIBRIS S.R.L.**
MENDOZA 1523 (1824) • LANÚS OESTE
BUENOS AIRES • REPÚBLICA ARGENTINA